JN418177

길은 멀어도

길은 멀어도

황의형 제3시집

月刊文學 출판부

| 시인의 말 |

미명을 밝혀 오면서

기쁨보다는 고뇌가 더 많았던 세월

기어이 도달해야 했던

그 곳을 향하여

달리고 달리면서

바른길을 가려

어둠의 세력과 싸워도 보았고

서슬 퍼런 징표 앞에

종횡으로 마구 달리면서

무지개도 띄워보았지만

지워지지 않는 흔적

그 아쉬움을

여기에 형상화하여

제3시집으로 엮어냅니다.

2019년 5월
용인 수지 서재에서
황의형

차례

두물머리 연꽃 2

잃어버린 오후 3

바람 앞에서 4

별아 열어라 5

| 작품해설 |

1
길은 멀어도

길은 멀어도

어둠속에
길을 닦았다

거센 비바람에
옆구리마저 날리며

기어이 가야만 했던 그곳
때로는 자유의 십자군이 되고
때로는 공복(公僕)으로 뛰었다

굴곡마다
새벽을 깨우리로다의 울림에
새 힘 받으며 걸어온 행로

뜨거운 힘 하얀 시간
푸른 물을 들인다.

매화

—섬진강

꽃은 다시 고요한 명상을 펼치고
강물은 순결한 마음 흘러내려

시련과 고통으로 승화된 꽃향기
은장도 빛 같은 섬진강물 풍겨난다

어디 매화가 필 데가 없어
섬진강변만 따라 피었겠는가,
해와 달 흰 구름의 향기 강물에 흘러감이지

은은히 내리는 꽃잎 하늘거리면
가슴은 왜 이리 시리고 허전한가,

난간에 기대어 선 산 그림자
무량한 상념에 젖어 있고
떠나간 뱃사공은 소식이 감감해

매화는 섬진강 적막의 눈물로 피고지고
강물은 새까만 가슴을 씻어 흘러간다.

물그림자

맑은 물그림자를 보고 있으면
올려다만 보면서 세상을
웅성거리는 미망이 보인다

물속을 내려다보며 가다 보면
답답하고 부담스럽던 사물들이
날개를 달고 날아가기도 한다

무법이 되레 큰소리치는
실망만 시키는 비정상의 요지경
서늘한 풍토에 그저 무너지다가
햇빛과 불빛은 물밑에서도 빛남을 본다

뭉게구름은 어디서고 선망이고
단풍이 짙으면 감각을 불러오는데
시크무레한 풍경이 흔들어대어
지표가 힘이 흔들릴 때면

때로 맑고 고요한 물길을 찾아

조용히 그림자를 내려다보자
편안하고 아늑한 길도 보이리.

풀꽃

왜 이렇게
가슴이 흔들리고 있을까
여린 웃음꽃 한생으로

바람만 살랑 불어도
휘청휘청 손 흔들며 비를
머금고도 머리 숙여 눈짓하네

꿈을 찾아드는 벌 나비에겐
친구도 쉼터도 되어주면서
한 수 지어 보여도 주네

원망도 미움도 없는 이 세상

아픈 상처 감싸주려는 듯
낮고 후미진 곳으로만 찾아들어
때때로 흘리는 눈물

적막이 되면 여운 남기고
불현듯 어디론지 가버리는 그 꽃.

풀꽃 단상

가냘픈 풀꽃의 눈물이 떠오르면
물새는 신 새벽부터
한없이 목 놓아 울어야 합니다

청순한 풀꽃의 설움이 생각나면
두견이는 까만 어둠속에서
꺽꺽 피울음 울어야 합니다

못 잊는 그리움에 가슴 태우던
흘러간 그 세월의 애련 속에서
눈물에 젖어 떠나간 꽃이여

햇살 고운 꽃잎을 피어내려고
지난밤 찬 이슬이 비같이 내리고
잠 못들게 이 가슴 흔들었나요.

풀꽃의 눈물

풀꽃이 눈물을 흘리고 있습니다
까맣게 된 가슴 쓸어내리며

몸을 던지는 강구중에
환상으로 보여준 환한 길
정상으로 툭 트인 탄탄한 길
뜨겁게 바라보며 달리라 했지만

이루기도 전에 의심부터
뜬구름 잡기라 부정하면서
김부터 빼는 희나리 불빛

그러나 어김없이
환상은 현실이 되었습니다
기적 앞에서 약한 믿음 어린 판단은
새 길을 의심하며 망설였지요

10여 년 후에야 깨달은
지나버린 가슴만 에이는 일

희나리는 꺼질듯 반짝거리며
세월로 풀꽃의 눈물을 닦고 있습니다.

바람의 얼굴

때로 설레게 흔들어 보다가
스르르 지나가버리는 아쉬움

세월의 채찍으로 가슴을 두드려도 본다

지난 일 소용돌이치기도 하고
미련 없이 수근대는 달밤이다가

넘실대는 청 보리밭 물결,
눈발 휘날리는 애증의 언덕으로

보이지 않는 속살 여운 남기며

안을 수도 만질 수 없는데
꽃바람이다가 꽃구름 노을이다가

뿌리째 흔들어 보는 얄미운 얼굴.

바람의 아픔

울컥 목울대 막히면서도
멈추지 않고 흘러만 감은
깊은 상념이 바람으로 일기 때문일까

수덕사 향일암 무운사로
고행에 태운 가슴 부둥켜 안고
세월을 스승으로 흘러 흘러서
알 수 없이 흩어지는 삶

초록빛 꿈 일렁이는 물결로
휘몰아치는 말발굽소리 눈보라
거센 난파에도 흔들림 없이

멈추면 길이 아니라고
속내를 보이지 않는 긴긴 쓸쓸함으로
오랜 사념에 젖어 흩날리는 바람의 눈물

그날의 지워지지 않는 아픔을 안고
안개인 듯 가고 있는 비움의 길.

바람 유감

사색의 내정을 스쳐버린 파란
생명의 꽃까지 꺾어 놓았을 때
노랗게 하늘의 길을 잃었다

꿈속의 궁전을 뒤흔들어
캐어져 나온 나무 배알 벼르게
휘몰아 쳐야만 했을까

상처에 재를 뿌려 옹이로 만든
숨조차 막혀버리려는 하얀 날들

더는 흔들리고 할퀼 곳이 없는
세월은 바람으로 무심히 날려갔다

까만 흔적 더는 없게
격정의 날들까지도
모두 날려가 버렸다.

약속 아닌 약속

어디서부터 꼬이고 꼬여 왔는지
알 수 없는 약속의 파문

디엠지로 이국 전선으로
넘나들기도 하고

동작동 고갯마루 오갈 때 잡아준 손길
마디마디 고독을 심어주기도 했을
한 시절을 보낸 허무

그날의 초겨울 찬바람 불던 표정과
지워지지 않는 따뜻함으로
달을 동무하여 푸념하는
선녀의 속내를 어찌 알겠냐고……

어쩌다 별나라 은하계가 현세로 내려와
소설인 듯 번지며 흘러내리다가
옹이가 되어 시린 가슴 태우고 있을까.

맨발의 외침

—moving on*

새까만 구름이 몰려와도
파도는 하얗게 부서져
물이랑 어지럽게
걷어차 날리는 맨발로 갈 거야

하얀 옷자락 정겹게 날리며
혼란스레 춤추는 머리카락
살짝 열어젖힌 가슴 들어내며
수줍은 물구름 밟고 갈 거야

영원한 시야
빛을 펼쳐 예는 천지에
멈추지 못할 발길
설렘 끌어안고 떠나 갈 거야

혼까지도 소리쳐야 할
저편 일렁이는 바람 멈출 때까지
우수의 적막 깨뜨리며

만나야 할 세상 찾아갈 거야.

* 스티브 행크스(1949~2015년)의 수채화 : 해변을 맨발로 걸어가는 여인의 정교한 그림.

빛의 손길

천지가 캄캄하던 그 먼 한 찰나를 뚝 잘나 보면, 먼 산에서 우르르 쿵쿵 섬광 번득이며 날아왔다 감겨들어가기를 반복하던 전등불 연(鳶), 그 신비한 비상이 7살 어린이 앞에 휘황하게 펼쳐진다. 그 의미를 깨우치지 못해 큰 바위로 우뚝 선 것은 아니지만, 물귀신 되기 전 구하고, 총탄도 비켜간 날들, 적진도 무사히 통과시킨 고비마다 보이지 않는 손길의 23성상 차가운 길, 별 앞에서 허위허위 바람 타는 공허에 영상숫자 카운트다운 세미한 계시는 뜻을 세워 따뜻한 길 열어가게 하고, 기진한 매듭 풀고 명예로운 기원 이룬 그 뜨거운 역사에 영광을 돌린다. 한 꺼풀을 또 벗겨보면.

무궁화 · 4

억겁의 세월
헤쳐온 광야의 동반자
백의민족 혼이 서린 꽃이여

비 개인 후 싱그러운 들꽃인 듯
섬세한 자태로 환하게 피어
나라 사랑하는 마음 뜨겁게 하네

칠월부터 석 달 열흘을
해와 같이 피고 지는
화사한 미소의 줄기찬 끈기

내일의 등불이 되어
겨레와 함께 활짝 피어나리
설레는 가슴 가슴들 꽃피워 주리.

무궁화 · 5

장구한 세월
겨레와 같이 걸어온 얼

불 같은 가뭄에도 마르지 않고
혹독한 추위에도 얼지 않아
더욱 질긴 모습으로 우뚝 서 있네

배달 아사달 백단심 홍단심 청단심계
섬세하게 피고 지는 화사함

악랄한 진딧물의 괴롭힘도
스스로 기어이 모두 물리치고
영속의 꿈을 밝혀온 생명력

우리를 이끌어주는 의지의 표상
투혼의 상징으로 활짝 피어나
뜨거운 가슴 고동치게 하네.

슬픈 계절

푸른 유월 그날이 오면
뻐꾸기 울어대어 슬픈 곳으로
받쳐 든 꽃 한 송이 달려가네

별들의 본향을 마다하고
월남전 병사 곁 잠든 별에 묵념하니
꽃바구니 환한 속에서
"그대들 여기 있기에 조국이 있다"
못다 이룬 별 더 크게 빛나네

풀꽃처럼 떨어진 혼령들 잠든
이곳보다 더
영광스러울 곳 어디겠는가

한강물 덩실 춤추고
언덕 스치는 바람 노래하는 뜻
미처 몰랐습니다.

꽃신

바람으로 서 있던
육십오 년 뜨거운 눈물
꽃신으로 너울거린다

울긋불긋 점철되며
가슴 후비던 그 바람
지상으로 공중으로 떠돌다
해후를 향하여 질풍으로 달려간다

구십팔 년의 노목 윙윙
강풍에 가슴속까지 들어내며
뿌리째 흔들리면서

꿈속을 떠돌던 그 바다
시끄므레하게 출렁거리며
또 하나의 생이별이 될
금강산으로 밀려온다

알듯 모를 듯 한 까만 발에

꽃신을 신겨주나
질풍노도는 잠잠해지지 않고
더욱 거세게 몰아치는 눈물바다.

만추에 젖는 나무

꽃처럼 피어나려는 뭉게구름인지
짙게 물들어가는 둥실거림에서
뜨겁게 지나온 길이 보인다

시리도록 푸르렀던 날들은
산새들 어지럽게 넘나들고
아지랑이 일렁거리던 꿈들도
새파란 열매로 영글었지만

노을에 젖는 봉우리 속에서
시들어가는 무게들 날리면서
싸늘함 홀로 맞이할 고난 한 줄기
막아줄 따뜻한 바람을 기다린다.

메아리 없는 전선

오십년 썩은 세월 위에 옛 전장이
희미한 그림자로 빛이고 있다

사라진 중대 대대 요새진지는
쑥대밭 허름한 공장부지
흩어진 벙커조각들만 눈짓을 할뿐

밤낮없이 베트콩과 불 뿜던
전우들은 다 어디로 갔을까
낯선 바람만 그 옛적 일을 당긴다

따이한의 젊은 피는 맹물이 되었고
자유의 기치는 붉은 깃발에 휘둘려
소리 없는 아우성으로 묻혀버렸다

비라도 억수로 퍼부어 주었으면
답답하고 허전한 이 가슴
시원하게 씻겨 내리게.

2

두물머리 연꽃

꽃무릇

사무침이 처절하여
현란하게 불타는 모닥불
가련하고 화려한 열정의 군락이다

기다란 목 빼들고 흐드러진
흐느끼는 꽃잎 꽃술
촉촉이 젖는 가슴
안아줄 그님은 언제 오시려나

외로움에 한이 서린 불꽃
노을처럼 하늘 태우는 그 모습
슬픔에 젖은 하현달
이지러진 조각달이다.

두물머리 연꽃

지금 저기
충만한 물의 나라
적막이 군락으로 피었다

세월을 기다리는
주인 없는 나룻배 위에
애태우는 가슴이 피었다

색바람에 전할 말 마저 잊었을까
떠나갈 일 망설이는 아픔
벌 나비를 기다리는

물안개길 멀리 고봉(孤峰)으로
정신 놓고 바라보는
홀로 선 느티나무처럼

물을 낚는 불꽃이 되어
깃드는 가슴 가슴들을 흐르다
흔적 없이 떠날 꽃잎이 운다.

백목련

온화하고 따뜻한 미소
까맣게 잊었던 그 얼굴
홀연히 서 있는 풍경이 흔들어

망각의 동굴 속 거슬러 가니
썩고 삭고 있던 시간들
한꺼번에 밀려나오며
뿌리째 흔들어대는 아우성

거센 바람을 가르며 돌아섰던 일
한마디 남기지 못한 이별 앞에서
강물로 소용돌이치던 가슴

이미지로 마주선 이 자리
한 가닥 봄빛이 나풀거려
희나리 같은 정 넉넉하게
잉걸불로 살려볼까 싶어

그 모습 아련하게

영상으로 잡아두려 달려가니
희미한 흔적만 남겨두고
떠나가 버린 인연.

달 · 1

——신월*

사라져버린 그 얼굴
가슴엔 회한의 재로 날리고 있다

그렇게 떠나가야만 했다면
왜 가시 같은 미련은 남기었을까

두리뭉실하게 밝았던 그 모습
잊을 수 없는 깊이로 채워져
구름에 밀려가다 바람에 떠갈까
못 잊는 아픔 허무로 쌓이는데

분간키 어려운 허상을 그리다
무수히 세미한 별빛에 취해
가슴만 까맣게 스러져 내린다.

* 신월 : 태양과 일직선이 되어 보이지 않는 달.

달 · 2
—초승달

곱다란 눈썹과 나눈 깔끔한 사연
풀내 나는 이야기 그 흔적들이
수필집 한 권 분량인데

서울에 온다는 소식을 받고도
달려가지 못했다

11월 그날 밤은
속내를 풀어내듯 억수로 비가와
젖은 가슴 마르지 못한 아쉬움

하숙집 찾아온 어느 일요일
부재의 방안에 가득 피어난 애증의 구름
주룩주룩 차가운 비를 뿌리고 있다.

달 · 3

——상현달

푸르디푸른 순정
횃불 같은 꿈에 부풀어
잉걸불처럼 한 시절을 불태웠지만

싸늘한 별빛 시린 적막이 싫어
수덕사의 쇠북으로 캄캄하게 울적에
소쩍소쩍 장단에 더 무너졌으리

한 맺힌 염불로 죄업을 닦아내고
해탈에 이르러 환속한 속세
실낱인 듯 미망(未忘)한 업보에
반 가슴 둥글게 채우려 뜰 때

또 다른 꽃구름이
세월을 시리게 가려버릴 줄이야
달맞이꽃같이 사위었을 사람아
흐르다 보면 더 따뜻한 곳 있으리.

달·4
—보름달

밝은 그 얼굴 바라보면
굳어있던 어둠들이 날려가 버린다

무시로 싱그러운 잎과 꽃
상큼한 풀 향기 폴폴 날려
시들던 형상들 밀려가고
새 힘 솟아낼 깃발을 흔든다

까만 구름들도 다 밀쳐내고
하얀 그리움으로 솟아나와
가슴을 뒤흔드는 비경의 호수
짙푸른 물결로 넘실거리는데

이 정경 길이 흘러
창연한 별빛 넘치게 빌어주는
발랄한 동반자 되어 줬으면.

달·5

—하현달

무량하게 바라보기만 한다는
가련한 물새가 떠오르면
가슴은 왜 이리 시리기만 할까

험한 물결에 떠밀리기만 하다
시들어가는 풀꽃의 양태에
안타까움만 허무로 쌓이는데

가는 길이 다르고 꿈이 다른
먼 항로의 배와 항구
둥근달 되게 할 수도 없는 일

가슴 설레며 만들었을 하얀 깃발
향수의 물빛인 양 은하로 가물거려
그 옛일이 꿈인 듯
쓸쓸한 감각으로 흘러내리는데

떠나야 할 시간이 되어 간다고
못 잊는 그 마음 낮달이 되어
못다 흐른 강물로 흐르고 있네.

달·6

—그믐달

차가운 그 모습 바라보다가
깊은 시름에 빠져 일렁거린다

수많은 날들을 해만 바라보다가
까맣게 타버린 속내
서늘한 눈빛으로 서려있을까

한 번도 따스함 받아보지 못한
고스란히 남은 차가움인가

알 수 없이 황량한 심사의 무게
하얀 가슴 모질게 짓눌러

흰 새벽
풀어야 할 길은 먼데
외기러기의 쉿소리 너무 캄캄해.

달 · 7
——기울어가는 달

먹구름 색구름 끌어들여
만월이 편운의 시살에
신월이 되려다 무량한 하현달이 뜬다

달빛 아래 펼쳐지는 세상은
울창한 나무들이 산림을 이루지만
고목만 늘어가는 중이고

묘목이 모자라는 양묘장
잡종이 된지 오래인 수종들 성그는데
아는 듯 모르는 듯 말만 무성하다

엉뚱한 대동단결이란 허구에
꼭두각시 춤을 추는 가시나무들
새 숲 만든다고 마구 휘두르는
간벌 삭도질에 망가지는 우량 수종들

4차 산업혁명시대 슬기롭게 극복해야
더 울창한 숲도 가꾸어 가고

헐벗은 품종들 활착을 도울 텐데
가문 땅에 물 주려 살림만 축내고 있다.

달·8
—차 가는 달

구름 따라 흐르며 차 가다 보면
세상 어둠 밝게 비춰주겠지
순풍에 쾌청한 흐름이니

달빛이 휘황한 밤이면
다가오는 그리운 얼굴들
아픈 형상으로 밀려오기도

이 밤 옷깃 적시는 이슬은
누구의 애달픈 눈물이기에
먼 웅성거림에도 마음 조일까

달의 아픈 눈물이 이슬이라면
하늘도 슬퍼 젖어가고
땅도 가슴 아파 흔들리리라

차 가는 상현달을 바라보다가
바람 근심 구름 걱정에 물드네.

달 · 9

—월영교(月映橋)*의 달

원이엄마의 애달픈 영혼
그 발자국 따라 나도 걷고 있다

달빛이 구르지 않으면 어떠리
물거울 속으로 떠가면 어떠리
흐르고 또 따라 흐르다 보면
어찌 잊을 수 있으랴 그날을

머리털 미투리 서러운 편지
새파란 관속에 넣은 지 400여 년
낙동강 물 위에 다시 돌아왔는데

기약인들 있으랴
꿈속의 다리

물속의 달을 건지며
나도 여기 서 있다.

* 월영교(月映橋) : 420년 전 원이엄마 사랑 이야기를 그리기 위해 안동 낙동강에 2003년 건축한 길이387미터, 너비3.6미터의 목책교.

봄바람

—오늘은 무슨 바람이 불었지
—봄바람

오랜만인 시인에게 던진 조크
되돌아온 워낭소리
꽃향긴 듯 옹달샘물인 듯
신명나게 넘쳐흐른다

지난 세월 굳어있던 가슴
막힌 오류들이
한꺼번에 봇물처럼 밀려난다

새해 들어 가장 추운 날
훈훈한 슬기가 날개를 달고
캄캄한 벽을 꽃바람으로 넘는다

빙판 같은 우리네 벌판에도
따뜻한 이런 풍경소리
많이 많이 울려 퍼졌으면.

달맞이꽃

이 밤도 달을 향하여 푸념하고 있겠지
길섶이나 풀밭에 서서
밤이슬을 눈물인 듯 훔치면서
애태우는 속 얘기도 나누어
바라만 보는 달에게 띄우곤 하겠지
약속 아닌 약속을 땅 끝까지 믿고
무지갯빛 꿈을 펼쳐
연민의 정 바람에 흩날려
가슴속까지 몽땅 보이고 싶은 달
때로는 진달래꽃 가냘픈 숨결로
흘러가는 흰 구름의 속삭임으로
피워내는 달맞이꽃 회한 가슴 시려
그런 사랑 아니었다고 날려보지만
아니라고, 연기를 피우고 있을 뿐이라고
오늘도 되돌아올 달의 말을 기다리며
70년 세월을 하루같이 꿈꾸는
연꽃 같은 생, 하얀 흐름이 여기
바람처럼 구름처럼 떠가는 아픔이 있다.

소금쟁이

물 위의 기찬 춤꾼

발끝이 두드리는 춤사위
동그란 파장을 미려하게 빚어내는

울렁울렁 동그라미 물결로
너울너울 우아한 춤을 어지럽게

신들린 듯 격렬한 춤의 파장
징소리로 가물가물 번지는 세상

연못 위가 온통 무도장이다

날렵한 발레리나,
사교춤이 한창이다.

플라멩고*

짝짝 짝짝 짝짝짝 짝짝
짝짝 짝짝 짝짝짝 짝짝

숨이 막힌다
격렬한 춤사위, 한 서린 노래 소리
집시의 혼이 깃든 강렬한 몸놀림
기교 넘치는 음악
비장한 표정 카리스마적 눈빛으로 흐른다

통렬한 울음이 운다
슬픔이 가슴을 긋는다
사랑과 쾌락의 미소가
우울한 공포심으로 한 번에 몰려온다

작렬한 분출
머리끝에서 발끝까지 온몸이 탄다

짝짝 짝짝짝 짝짝 짝짝
짝짝 짝짝짝 짝짝 짝짝.

* 스페인 전통적 민요와 향토무용(무형문화유산).

뜨거운 봄비

알 수 없이 노크하는 빗소리
창문을 열고 맞아들이려 하니
흙내가 물신거리며 달려든다

안개인 듯 회색빛으로 피어나
고달프게 흔들리는 생명들
굳었던 상처를 풀어주는데

잊을 수 없는 아픔이
심장에 불을 질러놓아
붉게 타는 정 식히려는 듯
삭막한 세월을 적셔준다

생명들 꿈틀대는 벌판에
못 잊어 남겨 놓은 그리움 하나
새싹 밭에 앉아 꽃망울로 피어나려
햇살을 기다리다 봄비에 뜨겁다.

3
잃어버린 오후

억새

왜 이렇게 흔들리고 있을까
작고 큰 바람 어설픈 사랑에도
다 내려놓았는데

바람의 말로 불어댄 피리소리
여치 귀뚜라미 소리에 실었던 눈물
못 잊는 아쉬움에
때로는 가슴에 비가 내리고

은빛물결 흩날리면
환호성 우러르며 몰려들어
하얀 추억 만들어보려는 가슴들
가을빛 사연들이 넘쳐나는데

은갈색으로 산등성이에 나부끼다
바람에 할퀸 상처
피어오르는 안개에 휩싸이며
알 수 없이 흐르는 세월이다

서걱대는 회한의 몸짓으로
못 다한 사연 들추어보나
몰려드는 노을빛 구름 떼만
매듭처럼 꺼들거린다.

낙엽

하늬바람에 펄펄 날리다 보면
안타까움에 타는 가슴

푸르고 푸르던 날들
진한 햇살에 울긋불긋
봉우리로 활활 피어오르던 불길

몽롱한 웃음 터트리며 나부끼다
아쉽게 놓아버린 손길
펄펄 흐느끼며
억장 무너지던 서러운 별리

젖어드는 가슴에
나비처럼 훨훨 유영하며
햇살 고운 눈물 흘리다 보면
흘러간 그 세월 잊을 수 있을까

밀리고 밀려 쌓이는 이 슬픔
고운님 발 아래 쌓이다 보면

핏자국은 부서져 타 재가 되어
그 아픔 잊을 수 있을까.

낙엽처럼

물들어 시든지 오랜 풀꽃이
아쉬움인 듯 붉게 타오르며
살점으로 뚝뚝 떨어진다

가슴 긋던 별리(別離)
뜨거운 상처들이 되어
편린으로 날리며 윙윙거리는데

솟구쳐 올라라 회오리바람처럼
솔개처럼 높이높이 날아라,
슬픈 망령이지만 말고
어둠 밝히는 별자리로 빛나봐

남은 비련
응어리들 모두 풀어내어
푸른 별빛으로 멀리멀리 날았으면

이어오는 활착을 위해
비어주고 내주고 밑거름되는
낙엽처럼 상처 모두 껴앉고 흘러라.

잃어버린 오후

놓쳐버린 세월의 끈이
할 일 없는 오후 한 나절을
바람 속에서 떠돌게 한다

하얀 손짓에
솟구쳐오는 뜨거움
하늘에 닿을 듯 지칠 줄 모르는데

상념에서 벗어나고 파
파란 바람을 따라
낯선 푯대 끝을 맴돈다

새 피로 돋는 아쉬움도
미련의 고리에 걸려
해 지는 줄 모르고

치솟는 열렬한 힘에
왈츠를 추며 흔들리다
하늘이 노랗다.

격렬비열도(格列飛列島)*

망망한 대해 석양을 헤쳐 가는
기러기 한 편대의 점멸을
신들린 파도가
삼켜버릴 듯 아우성이다

까마득한 세월을 하루같이
묻혀버릴 듯 부단한 출몰
가쁜 숨 내뿜고 있는 격랑

홍망과 성쇠를 품어 안은
최서단의 요충 어획의 보고
명멸하는 희미한 불빛 속에
무심한 세월만 가뭇없이 쌓인다

절해고도의 비장함
사무치는 격렬비열도여
선구자의 의연함을 떨쳐내라

영장 장보고 불굴의 기개로

난파를 잠재울 깃발을 흔들어라
새천년의 문을 활짝 열어라.

* 태안반도 서쪽 55키로 최서단에 위치한 고군도들(북, 동, 서 격렬비도) 북격렬에 등대가 있음.

군무(群舞)

——가창(街娼)오리

부드러운 천 바람에 날리는가
모여 모여 새떼구름은
웅장한 바람소리로 몰려다닌다

자연 행위예술가의 초능력인가

숨이 멎을듯한 순간 장면들
구름기둥으로 유유히 떠가다
고래의 유연한 몸놀림이 되다
커다란 새 머리 되어 날아가다
저공으로 스쳐가는 비행체이다
토네이도처럼 높이 높이 솟구쳐 오르다
일제히 추락하면서 점으로 꽂히다
검은 연기로 모락모락 피어오르는
커다란 물미역, 흔들리는 짙은 구름
서로 겹치면서 구겨지다 펴지다……
40여 분을 사로잡는
기상천외한 요술

머나먼 비행을 앞둔 훈련일까
여명이나 석양 서쪽하늘에
보이지 않는 지휘체계의 경이로운 한 판
유일무이한 서해안의 겨울 향연.

단풍 힐링

굽은 길에도 뚝뚝 내려 앉아
채우는 풍경
노을의 무게로 내려 쌓인다

막바지 아늑한 비경의 힐링
윙크하며 손 흔들 때
화사한 새색시 옷깃 스치는 소리인 듯……
신비를 채운다

강열하게 불타는 섭리 속으로
둥둥둥 흔들리다보면
삶의 번뇌도 편린으로 펄펄 날려가 버려

꿈인 듯
끝없이 속삭여주는 따뜻한 반려
응어리 풀어내는 치유자
보일 듯 노을 길이 따뜻하다.

이 가을에

한 점 하얀 구름으로 흘러간
내 안에 드리웠던 그림자

바람처럼 스치며 보낸 세월 속에서
열매로 맺혔던 그 흑점을

단풍같이 곱게 물들일 수 있을까

알 수 없이 쌓이는 가슴의 무게
밀려오는 황혼녘에 흔들리며

한없이 지평선만 당기고 있다.

서리꽃

찬바람에 흐느끼던 설한의 눈물
새하얗게 흐드러진 아픔인가

몽롱한 꿈속에서 깨어난 듯
폴폴 날려 오는 가냘픈 정
시린 가슴을 스치며
부표처럼 떠도는데

미망은 뿌리 채 흔들리며
혼돈으로 몰아가
저만치 가물가물 안개속이다

몹시 흔들리지 않는 꽃이 되게
한줄기 따뜻한 봄바람아
훈훈한 정으로 어루만져라

가슴을 태워도 남은 통증은
봄볕에 사무치는 강물처럼
반짝반짝 흩날리는 편린
파도에 야멸치게 부서진다.

동백의 한

붉게 타오르다
가슴에 툭 떨어진
먼 하늘에 쩡 금을 긋는
차디찬 울음

동박새 낭랑히 넘나들어도
막을 수 없는 적멸
피안이 여기던가,

시드는 선혈 흩어진 앞에서
흔들리는 발길
파도가 되는
시(詩)의 울음이다.

늙은 호박

노랗게 꽃필 때는
눈길도 주지 않더니
둥글둥글 누렇게 꿈꾸니
꽃보다 좋아하며 설렌다

후미진 곳에 비켜 앉아
비바람의 넘치는 사랑
햇볕의 뜨거운 애무에
곱고 우람하게 늙었는데

새파랗게 어린 시절인 듯
웰빙이란 날개가
동서양을 넘나들며 띄운다

늙어서 더 사랑받는 섭리
일찍 깨우쳤더라면

오늘이 더 뜨거울 수 있었으리.

갈망

촉촉이 젖고 있는 잔잔한 물결

이상향을 향해 파도처럼 출렁이고

만나야 할 아픔은
들어낸 가슴의 흔들리는 나선

애태우는 조바심만
가녀린 몸매에 흘러내리는

멀리 님을 향한 하얀 입술.

귓속의 물

세월이 굴곡진 어느 날
물이 왼쪽 고막 안에 꽉 들어차
배를 띄워보았다
난항이었다

극복하며 달리고 달리면서
더 좋은 풍경도 만났지만
가슴 조이는 일 연속이었다

그날도 주일예배 끝 무렵
아픈데 얹으란 손을 위해 간절한 기도
귀 아픈 사람이 나았습니다 할 때
왼편 귓속에서 직 소리가 났다

다시 순항이었다.

더덕의 온기

어디선가 산 냄새가 흘러와
찌든 세상 고린내를 밀치는데

가슴 환하게 와 닿는 이 청량감
지하도 구석 쪼그려 앉아 더덕을 까는
할머니의 거친 손끝에서 흘러나오네

얼굴은 하회탈이나
등줄기에는 고랑진 삶의 진땀이
병든 영감, 손자 놈 노는 쪽방을 돌아
지나는 발길들 휘감는 안개로 흘러……

더덕 향보다 향긋한 한 때도
맛보다 더 고소한 삶도 있었다고
온기가 찌든 얼굴을 어루만지네.

첫눈

첫눈이 꽃잎처럼 날리니
못 잊는 아쉬움에 서성이다가
달려오는 희미한 손짓을 본다

처음 느껴본 수줍음인가 싶어
차디찬 가슴 달래며 맞으려하니
하늘하늘 날아가 버리는 미망(未忘)

약속한 하얀 눈이 내리는 날이면
거기서 만나 손잡고 거닐 때까지
기다림을 응원하던 일 어제 같은데
낡은 시간은 그늘이 짙어가고
차가운 애달픔은 가슴 먹먹하다

눈이 비처럼 내리는 늦은 시간
쉼터로 돌아가는 플랫폼에서
돌연한 해후가 애련의 풍설일 줄이야

허무만 날려 오는 눈발은
늘 쓸쓸한 흔들림을 남긴다.

쓸쓸한 회억 · 1

파도가 하얗게 달려왔다가
포말 남기고 힘없이 돌아가는
쓸쓸한 해변

낡은 버스가 홀로 왔다가
적막 내려놓고 그림자처럼 가버린다

몽롱한 꿈속이다 거기는
창밖엔 얼어붙은 외로움들 웅성이고
50년대 애환이 해조류처럼 너울거린다

아늑한 온기가 서려 있는 아바이마을*
앓고 있는 아픔이 사라진 듯 하지만

멀리 부옇게 몰려오는 풍랑은
맹모래 같은 가슴들 더 싸늘하게 몰아쳐
풍경은 황량한 우수에 젖어든다.

* 속초 일원에 모여 사는 실향민들의 마을.

쓸쓸한 회억 · 2

그대 모습 긴 여운이
차가운 바람으로 윙윙거린다

웃음꽃 활짝 피워내지 못함은
세월의 까만 무게 때문인데
굳은 응어리를 만들어
부둥켜 않고 해결음을 왜 했을까

빛이 되지 못한 아쉬움이
진한 그림자를 드리우고
묻어두어야 할 얘기 허공에 가득하다

흰 눈이 쓸쓸하게 흩날리면
지나간 시간들이
주체할 수 없이 밀려와
하얗게 부서지는 해변이 된다.

4

바람 앞에서

빗소리

조용한 빗소리는 아리아의 선율
물결 소리처럼 속삭이며
설레는 가슴에 불을 지핀다

다가오는 희미한 웅성거림
그리운 사람 발자국 소리인가
밀리는 적막감에 가슴만 시린데

나뭇잎을 만지다 창문을 노크하다
아스팔트길 장단 맞추다
시간 가는 줄 모르게 깊어가는 밤

무거운 상념 아린 편린들
다 흘러 보내려다 축축이 젖어
철없는 빗소리로 어둠을 열어간다.

비가 오는데

저 어두운 길을
폭주하는 천둥번개가 바람의 자국에
고인 정마저 눈물로 퍼간다

느긋한 길인 줄 알았던 행간
시들어 가는 무게가
미망인 듯 버겁게 흘러
그냥 빗물에 쓸려 가는데

열사의 땅 촉촉이 적셔주나
아쉬운 비련
하얀 미소도
이지러지게 하는 적막

빗소리에 장단 맞추어
퍼내도 퍼내도 고이는 무게
가벼워질 날 아쉬워.

시모노세끼* 단상

물새 한 마리 반기지 않고
성난 파도만 춤을 춘다

용트림하는 사무라이 앞에
무릎 꿇던 종이호랑이 물 서린 눈 보인다

조선 종주권 포기……
가랑잎같이 떨어진 대국의 굴복문서
왜의 동남아 패권 부상의 날
구겨지고 찢길 대로 찢긴 백의민족

오늘도
쾌속선은 성난 파도를 가르며
사랑을 펴 나르는데
젖은 칼날만 휘두르는 너

버릇 닮은 새까만 구름
천지 자욱이 짖어대며 몰려와

가슴 뜨거운 비분으로 날린다.

* 동학농민혁명으로 발발한 청일전쟁 후 1897년 4월 17일 강화조약이 체결된 곳.

꽃지해변*의 아우성

반짝반짝 빛나는 갯벌
우— 몰려오는 아우성
쿵쾅거리는 난타의 홍취인 듯
신명에 들뜨게 한다

해당화 핀 언덕 그리워
훈풍에 닻을 달고
활짝 열어젖힌 가슴으로
설레고 부서지며 달려오는데

하루 두 번 할미할아비바위* 감아 돌아
머나먼 갯벌 비벼대며
밀려왔다 쓸려가는
조개껍질 헤아리는 심사

광활한 금모래 백사장아
반짝이는 몸짓으로 손을 흔들어라
피안이 여기라고

목 놓아 소리쳐라.

* 꽃지해변 : 해변 및 언덕에 봄에는 매화, 여름에는 해당화가 줄지어 피어 꽃지 또는 화지(花地)라 불리우다. 할미할아비바위 뒤로 넘어가는 아름다운 낙조가 유명.
* 할미할아비바위 : 1,150여 년 전 신라 홍덕왕 때, 장보고 전진기지 견승포(안면도)총책 전승언 장군은 미도 부인과 금슬이 좋았는데, 국가의 부름을 받고 출정하자, 부인은 매일 바다에 나가 낭군을 기다리다 지쳐 바위가 되었고, 그 옆에 바위가 하나 더 생겨나 할미할아비바위라 불리우다.

바람 앞에서

얼마나 비우고 가벼워져야
구름처럼 물처럼 그렇게
흘러갈 수 있을까

수군수군 도란거리다가도
비바람으로 거세게 몰려오면
가던 길 멈추다 서다
바람의 말에 귀 기울이도 하면서

가시밭길 찔레처럼 피다가
열매를 키워 진 맛을 내면
좋아하다 다 떠나 버리고

옷자락 나부끼며 파도를 갈라도
갈바람에 물들어
세월을 먹는 시간 앞에 서 있다.

코트다쥐르*

끝없는 물결의 속삭임에 실려
굳어있던 상처가 지워져 간다

아몬드 같은 자갈 끝없이 채워진 해변
걷어차 날리면서 달려가고 있는
뜨거움 넘치는 일광욕

파란 하늘 뭉게구름에 취해
넘실거리는 짙은 파도를 타고
거센 풍랑처럼 윙윙 날아본다

무엇이 문제일까
이대로 가면

살랑대는 바람이 옷깃을 달래는
끝없이 펼쳐지는 에메랄드
나나무수꾸리*의 허밍에 젖어본다.

* 코트다쥐르 : 프랑스 남부 지중해역 해변(니스, 칸느).
* 나나무수꾸리 : 그리스 출생 프랑스 여인 음악가(호소력, 청아함).

천국의 새
—극락조

화려한 유혹은
환락을 위한 전주곡일까
하루 여덟 시간 이상 뜨겁게 펼쳐진다

열대 과일 열매들 지천인
파푸아뉴기니아 아열대림
풍족함 뒤엔 희락만 남아
수컷의 하루는 즐기는 일인가

휘황한 깃털 펼쳐내며
희한한 소리
요란한 춤사위 깃들이는 회유
선택권은 언제나 암컷에게
일부다처도 무색할 지경

애절하고 처절하게
간절한 구애를 펼쳐내
인간을 무색케 하는 칸타타 세상
미치면 보이는 게 없기 매일반일까.

된 소나기*

어두웠던 세월의 흔적
다 날려가고

안개 자욱한 미망 앞에서
겹도록 파동 치다가

높았던 풍경들도 모두 사라져
온화한 길 푸르게 펼쳐 나는데

묻혀있던 사연들
험한 물결도 아직은 남아
가파른 표상들 나풀거린다.

한줄기 시원한 바람이 불어와
어둠을 밝게 날려주는
여명의 빛으로 열어나간다.

* 된 소나기 : 억수처럼 퍼붓는 소나기.

마른장마

예상과 달리 목을 태워놓고
올 듯 말듯 속 터지게 하는 여우비
보기 싫은 얼굴 계속 보는 격이다

어쩌다 이렇게 됐는지
알다가도 모를 일이나
아찔한 순간이 이렇게 괴로울 줄이야
줄듯 말듯 애태우는 뜨거운 여름날은 괴롭다

터지려는 가슴 들어내 놓고
음줄 거리는 입술 같은
아 어쩌란 말이냐
폭발직전의 뜨거운 대지는 녹는다

찌푸리다 개다 변화무쌍한 하늘만
바라보다 숨막힐 지경인데
어디다 쏘다 놓고 있는지
팔팔 끓는 대지다.

무창포 해변 이야기

모세의 기적이 살아 숨쉬는
여기는 전설의 나라
언제나 지새우는 북새통

아기장군과 해룡 한판 승부로
불끈 솟아올랐던 주름살에 올라서면
소라 바지락 등 말을 걸어오는
신명난 바다 속 들여다보기 바쁘다

구슬피 울던 황새 떼 아니더라도
홀연 나타난 백마, 장군봉 혼령 태우고
석대도로 달리다 피울음 울며 죽어

해넘이 빛 붉게 타는 해변
휘황하게 사무친다는 전설이
그 빛깔 피인 듯 뜨겁게 흐른다.

불춤 추는 염제(炎帝)

불 바람이 난 여름의 신이
불춤을 추고 있다

땅을 태우고
허공을 태우고……

염제의 저주일까
마귀처럼 굴러가는 불덩이

태양의 불이 모두 댕겨 붙는다

신의 먹이가 되려나,
우주의 살점들이 익어가고 있다

끝날의 그림자가 나풀거린다.

하루

영원의 샘 속 하루하루
쉬지 않고 흘러 흘러서

험한 물 궂은 물 만나면
받아들여 선을 이루고

막으면 돌아가고
힘 부치면 기다려 넘어가는
슬기와 끈기

긴 하루 같은 일생
스침마다 아픔 없는 활기 북돋아
별을 품고 바다에 이르는 길 열어간다

오늘도
지혜의 샘 솟아오르게
낮은 곳으로만 임하며 출렁이면서.

꿈꾸는 나무

어두운 한 세기를 넘어온 나무
지엄한 꿈 흩어질까
숨 몰아쉬는데

질주하는 바람이 황망하게
혼돈으로 무너트린 순간

광야에서 휘둘리고 있는데
하늘이 하얗게 펄럭이며
오리털인 양 감싸 내렸다

아슴푸레한 세월을
막아주고 채우는 세상 일이
그리 하얄 수 있냐고 하지만

심은 씨앗 푸르게 활착이 되어
열리고 있는 의로운 열매들
푸른 꿈 펼치라 풍성하다.

잊힌 세월

낙엽이 되어 날아간 세월
차디찬 이슬로 옷깃을 적시네

그렇게도 소망하던 웃음꽃
아름으로 안겨 주었더라면……

하늘에서 반짝이는 별들도
마주보는 눈빛은 영롱하다는데
떠나간 흔적은 왜 이리 짙기만 할까

길은 멀어만 보이고
매서운 바람이 거세진다면
불빛마저 흔들릴까 버거운데

어디로 날려가 버릴지 몰라
겨운 가슴으로 지켜내는
하현달빛은 찬연히 빛난다.

내가 만일

한 송이 꽃으로 피어난다면
새파랗게 눈 뜬 풀밭에 피어
순한 꽃물결로 넘실거릴 거야

흔드는 잎새 하나로 나부낀다면
뜨겁게 달아오르는 바람의 숲에 들어
들뜨고 있는 햇살 고운
빛으로 물들어갈 거야

온 땅에 선하게 피고 번지면
흐르는 물같이 순응미 넘쳐
거짓이 활개치지 않아서
살맛 넘치는 누리가 되어가리

너무 오래 네 탓에 물들어
앓던 이도 치료하고 몸살도 내려놓고
바람 새소리 들어보며 푸르게 변해가게

떠나가는 발자국소리도 불러 세워

온화하게 마주본 두 눈은
나만을 보지 않는 흐름이 되게
밝은 빛으로 피어나게 하리.

분재 · 2

천만년 가슴 속에 묻어둔
한 점 잉걸불 피워내려고

석양을 노을빛으로 물들다
밤하늘의 별빛은 내려
끝 모를 애수의 물결로
천만리를 넘쳐 흘러오는가,

언제나 한 번 크게 반겨
뜨거운 가슴속 환하게 꽃피워내
하늘 높이 혼불로 솟아오르는
감동의 눈물 흘려보려나

알 수 없는 한 점 파란 바람아
휘감아 돌며 흔들지 마라
외로운 바위 끝 홀로인 그대
까무러칠까 너무 두려워

가없이 타는 가슴에

펴 나르는 정열의 눈물
어느 세월에 힘껏 솟아 꽃이 될까.

멍울

시련을 토해낸 멍울
벌 나비 잉잉 거리면
좋아라, 반기는 세상이 된다

맨몸으로 겨울을 버텨내면
꽃이 되는 철쭉 진달래 개나리

꽃과 향기를 발산하려
혹한의 아픔을 감내하는
튤립 백합 라일락

여린 보리가 설한에 흘린 눈물
봄 파종을 뛰어 넘어
풍성함과 맛으로 영그는데

멍울이 얼마나 더 들어야
크고 튼실한 그릇이 될까
몹시 흔들리는 촛불.

5

별아 열어라

세밑의 꿈

희미한 노을 속으로 허전한 길
앞서가는 시큰한 바람을 따라간다

세월이 낙엽으로 쌓이며
몽롱한 사연들의 긴 여운이
잠들지 못하는 불빛을 흔들어대어
온통 도깨비불로 춤추는데

큰 꿈 이뤄보려는 가쁜 숨결만
꽃빛깔 고운 희열에 들떠보다
한계점의 소용돌이에 방황하다
술이 술을 마신다

생각은 푸르러 앞서가나
악천후를 만난 듯 헤매는 발길
그날의 따뜻했던 미소와 설레던 가슴
찾을 길 없어 애태우는 밤

불안한 꿈이 술에 취한다.

현충원 뻐꾸기

먼 하늘 아래 두고 온 임 못 잊어
유월을 붉게 뻐꾸기 가슴 태운다

어린 꽃송이 하나
어루만지고 서 있는 소녀
하얀 손이 떨리고 있을 때
뻐꾸기도 따라 피울음을 운다

그 울음소리에 젖는 두견이 심사
하늘도 울고 꽃도 운다.

현충원 단상

뻐꾸기 안부 서럽게 묻는 곳
눈물 어리다 미어지다
받쳐든 꽃 한 송이 달려간다

한강물이 소용돌이치는데
달려온 임진강이 더 뒤집어

정성어린 향촉, 손길 하얗게
어제의 어둠을 날리고 있다

별들의 본향을 마다하며
남십자성에서 진 풀꽃들 잠든 곁
그대들 여기 있기에 조국이 있다*
뇌성벽력으로 위무하는데

눈부신 땅
헐벗은 목란에 바치려
날 세운 오랑캐꽃들아
들풀들도 피고 질 때를 알거늘

개망초가 한심스러워 고개 젓는다

헛꿈만 하늘 높이 부풀리다가
다 날려버렸다 가슴 뜯기 전에
뜨거운 눈물 바칠 줄 아는
한 핏줄 충혼에 거듭나 오라.

* 채명신 장군 묘비 글.

현충탑 향불

뻐꾸기 피맺히게 울어대는 유월이면
미어지는 가슴 흘러내리는 눈물

한강물로 굽이굽이 소용돌이치다
임진강물 만나면 더 뒤집히는데

미친 듯 돌아가는 조장된 분열마다
회심의 미소로 군침 삼키는
붉은 무리들 웃을 수도 없고
풀꽃처럼 슬픔에 저문다

해와 달이 따뜻이 보호하는 이 언덕
꺼지지 않는 등불이
펼쳐갈 길 밝혀 지켜주는

충혼 그대들이여
현충탑 향로 향불로 피어오르는가.

별아 열어라

굳은 가슴을
용광로처럼 뜨거운 바람으로
섬광 번뜩이는 빛으로 거세게 열어라

모질게 흔들어 깨쳐 보아도
쌓이는 갈등의 무게
까맣게 더 깊이 타들어만 가니

그렇게도 모르겠나, 붉은 마수를
커다란 불꽃으로 솟아올라
뜨거운 눈물로 깨우치고 싶다

다민족이 다 되어가는 단일민족
한 세상 같은 세계와 잘 어우르는데
민족끼리란 잠꼬대가 춤을 춰서야.

영상숫자 504

저녁예배 끝난 기도원 대성전
뜨겁게 매달리는 어둠의 군상
불 같은 가슴들만 출렁거린다

어리벙벙한 나의 간구도
열화의 물결 속에 잠기는데
한줄기 빛 스크린을 펼친다

영상숫자 카운트다운
501, 502, 503, 504
클로즈업 되는 504

무슨 계시일까
듣고 생각에 잠기던 구역장
찬송가다 외치며 펼쳐 보잔다

"예수 영광 버리사 사람 되신 것 보고
너도 고난 당하나 길이 참아라" *
할렐루야! 응답이었다.

* 통합찬송가 504장 1절.(새찬송가 451장 예수영광 버리사)

석굴암 본존불

천년 사직의 업보를
바람은 몰랐던가
전세의 극락왕생을 위하여
자비로운 본존불을 세웠으니

엷게 흐르는 오묘한 미소
천세만세를 흘러도 깊이를 더하는데
대왕암 수호신으로 불타는 혼불

응원의 숨결 핏줄로 흘러 흘러서
호국대용이 거센 파도를 날 세우게,
신비로 굽어보는 눈빛 미소에 감응
구름 떼 중생들 얼굴 환한데

불멸의 석가여래상 앞에
세세연년 환하게 불을 밝혀라
그 위업 빛이 되게.

라피끄*

모래바람만 날리는 길을
용하게도 이리저리 잘 헤치면서
날렵하게 달려오던 시절

건조한 미소 속에서도
가냘픈 잎새 억세게
하늘 푸른 둥지로 피어올라
파란 향기를 품어 내었지

미망(未忘)의 어둠도 날려버린
뜨거운 눈빛으로
쇠 같은 가슴 뜨겁게 달구어
연두색 바람으로 일게 하고

고스란히 남을 순례의 길
등불을 밝혀 적막을 열어준,
마라의 쓴물에
던져진 나뭇가지여.

* 라피끄 : 동반자(아랍어).

불국사 단상

푸른 구름 흰 구름에 올라 물을 건너
자줏빛 금색 안개 넘어 대불 앞에 이르니
사바의 죄업 다 씻기는 듯
꿈처럼 가벼워지는 중생

어두운 속박 떨쳐버리려는 염원
파촉 삼만리 정토로 향해 불타는데
언제 연화 칠보교를 넘나들어
안양문에 이를 수 있을까

사바의 인연 다스림에 들면
자비로 다 끊어 버리고
깨달음에 눈 뜨인 화엄
열반에 들어볼 날은 오려나

범영루에 달이 뜨니
불국토의 그림자만 연지(蓮池)에 어려
신라 천년의 바람소리만
뻐꾸기 구구구 천진하게 읊고 있다.

고질병

뿌리의 저 밑이 보인다
사분오열되어 피 흘리며 싸우다
주변 힘에 밀리고 짓밟힌 흔적
가슴 후비고 지나간다

이용만 당하는 산물이 되어
붉게 물든 쪽 얼룩 물 맑아진 쪽
퇴색하는 색깔에 끌려다니는
속사정이 어디에 있을까

미국 이민 15년째란 50대 여인
생계비에 쪼들려 한국이 더 좋다는데
왜 못살겠다고 이렇게 아우성인가
굶는 붉은 쪽을 찬양하다 못해
앞잡이 짓 자처하는 지식인들
혁명열사묘에 묻히려 꿈꾸는지

포퓰리즘 남비 핌비가 극에 달해
달걀보다 닭을 당장 잡아먹어야한다

거품 물고 주먹질하는 위장된 민주화
잡지 못하여 숨통만 터지는 통치

18년째 제자리인 지엔피 이만 불
후진 정치가 한계상황으로 몰린 현실
생명과 안위의 존폐도 흔들리고

정신 나간 사람들 치킨게임에서
모두 잘사는 윈윈게임으로
먼저 상대를 배려하는 길로
고질병에서 벗어나보자.

프리몬트* 밤 전구 쇼

어느 감각적인 착상이기에
판타지로 뿌려지는 빛의 혼
레이저 스펙트럼으로 격동 치는가,

극렬한 빛의 영상
초월적 실상이 광폭으로 돔을 덮칠 때
창공을 찌르는 군중의 전율

굴절과 조화의 멋으로
놀랍고 당황스럽고 눈 돌아가고……
숨은 엘지심벌

세기의 밤거리를 고동치는 조명 춤사위
빛의 퍼레이드 엘지 전구 쇼
놀라운 웅비의 꿈이 흐른다.

* 프리몬트 : 미국 라스베가스 구시가지 이름. 네바다사막 한 가운데 오아시스처럼 건설한 도시.

남한강 · 2

남한강물 바라보니
그때 그 시절이 달려온다

모터보트 물결 가르며
끝없는 이상을 물들였었지

그때 자맥질하던 그 친구들
어떤 빛으로 살고 있을까
파란과 격동에 휘둘리던 세상
꿈은 다 이루었을까

물의 슬기를 깨우쳐
강물처럼 유유히 흘러 왔겠지
무지개도 띄우면서

수묵처럼 스미는 정 가슴 뜨겁다

노을 앞에서 세월을 반추할 사연들
언제 다시 만나 꽃피워볼까.

탄성

1
까마득한 인카의 바람이 분다

그랜드캐니언댐이 후버댐까지
천삼 백리 물길 코로라도
웅장한 퇴적층 가물가물
감성에 빠지는 충만한 가슴

2
수억 년 지구의 붉은 속살 훤히 드러낸
아늑한 여인 품속 브라이스 캐니언
썬 라이스에 들어가 3D입체영상 기둥들
감미로움에 흠뻑 젖어본다

3
환호성 자지러진다, 자이언 캐니언
웅장한 위압적 풍모와 연붉은 바위산
끝없이 아쉬운 찬사만 날리다가

4

천장이 열린 빛의 마법
구불구불한 동굴을 탄성으로 헤맨
앤틸로프 캐니언이 미련인 듯 그리워

5

급류에 빠져죽는 모하비사막
네바다사막 가운데 라스베이거스 밤풍경
할리우드 유니버설스튜디오 디즈니랜드
그곳엔 지금 눈이 내리고 있을까.

창립15주년을 축하하며_ 축시 · 1
——한국 독도 대마도 연구원

그대는 별이었다
동쪽하늘 먹구름을 뚫고 솟아오른 빛나는 큰 별이다
그 이름도 영원하라 고마워라 한국 독도 대마도 연구원

불타는 애국정신 끝없는 국토사랑은
우리들을 일깨워 독도사수방안을 제시
* 일본에 대해 먼저 잘 알자
* 한미군사동맹의 강화
* 울릉도에 해공군력 증강배치
* 국민의식교육 및 홍보강화
* 비정부기구(엔지오) 세계 넷트워크 구축
* 국제사법재판소 제소를 대비하자고

일본의 10포인트 주장의 허구성을 낱낱이 폭로하며
* 약한 민족을 만나면 칼을 빼고
* 강한 민족을 만나면 국화를 내미는 일본 해양민족의
  근성을 대대로 열거하다

15개성상 지켜온 독도 대마도연구의 자존이여

영원히 펼쳐내야 할 우리의 위상
역사에 길이길이 떨쳐 빛나라
그 이름도 영원하리 한국 독도 대마도 연구원.

전우여 갑종이여_ 축시·2

조국의 부름에 분연히 일어섰던 갑종이여
붉은 무리에 맨주먹으로 맞섰던 용장들이여
자유와 평화를 위해 몸 바친 건아들이여
그대들은 거룩하라 영원하라

풍전등화인 조국 앞에서 공격 앞으로
나를 따르라 외쳤던 소모품 소대장들
전우의 시체를 넘고 넘어 쓰러지면서
누란의 위기를 지켜낸 주인공들이여

그날의 참상 가슴에 부둥켜 안고
반격에 반격 압록강까지 북진
혹한과 인해전술에 여한을 묻고
피눈물로 돌아서 38선을 지켜내며
자유의 십자군으로 통렬하게 싸웠던
청룡 맹호 백마 십자성의 주역들
그대들은 장하도다 갑종장교들이여

그대들 가는 곳엔 피와 땀과 승리뿐

그대들 가는 곳엔 자유의 종이 울렸고
그대들 가는 곳엔 태극기 휘날려 따뜻했노라

가난의 굴레를 앞장서 벗어내려
자주국방의 초석을 튼튼히 닦아
붉은 마수들 분쇄할 힘을 더 키우려
이 한 목숨 다 바쳐 조국을 위해
이 한 몸 분토되어 호국의 수호신 되려는
그 선봉에 갑종은 항상 서 있었다
그날을 위해 신화를 창조해 왔다

낙동강에서 압록강까지 추격한 주인공들
아열대의 정글 조국을 위해 누빌 때에도
두 주먹 불끈 쥐고 두 눈에 불을 켜고
정의를 위해 싸웠노라 이겼노라 외쳤노라
청춘을 불살라 자유 수호에 앞장섰노라고
포효하던 그대들 장했도다

몸과 마음 다 바쳐 푸른 꿈 펼쳐가며

파란과 격동의 한 시대를 선도하면서
포연을 뚫고 날으는 의지의 날개로
한국전선 이국전선을 넘나들어
국가안위 조국번영의 그날을 그렸느니

영원히 기록하여야 할 갑종의 위상
전사에 길이길이 남겨야 할 그 얼
그 이름도 영원하라
호국의 역군 갑종이여 전우들이여.

| 해설 |

사랑과 이성의 시적 변용

| 작품해설 |

사랑과 이성의 시적 변용

정성수(丁成秀)

(시인·한국문인협회 부이사장)

황의형 시인의 시는 동서양, 즉 세계의 전통적 시들이 지니고 있는 서정시 본연의 모습을 보여준다. 소재에 대한 다양성, 인간과 자연에 대한 보편적 관심, 휴머니티, 역사와 현실에 대한 통찰 등 시가 노래할 수 있는 여러 가지 상황에 대한 시적 성찰, 그 깊이와 넓이를 펼쳐준다.

이것은 다시 말하면 그의 시적 스케일이나 시야가 기본적으로 한쪽으로 치우치거나 협소하지 않다는 것을 의미한다.

예를 들면 그는 '두물머리'로 상징되는 양수리에서 남북분단의 아픔을 노래하는가 하면 전설적 사랑에 대한 따뜻한 인간애, 유토피아에 대한 꿈, 곤충에 대한 유쾌한 시적 해석, 나라사랑에 대한 투혼과 강한 의지를 보여주기도 한다.

다음 시를 살펴보자.

지금 저기
충만한 물의 나라
적막이 군락으로 피었다

세월을 기다리는
주인 없는 나룻배 위에
애태우는 가슴이 피었다

색바람에 전할 말마저 잊었을까
떠나갈 일 망설이는 아픔
벌 나비를 기다리는

물안개길 멀리 고봉(孤峰)으로
정신놓고 바라보는
홀로 선 느티나무처럼

물을 낚는 불꽃이 되어
깃드는 가슴 가슴들을 흐르다
흔적없이 떠날 꽃잎이 운다.

—「두물머리 연꽃」 전문

'두물머리(양수리)'는 경기도 양평 땅에서 북한강과 남한강이 만나는 곳이다. 남한강과 북한강이 모여 하나의 강, 즉 '한강'이 되는 곳, 즉 물로써 남북통일이 되는 곳이다. 그곳 '세미원'은 수

많은 연꽃으로 유명하다.

1연과 2연에서 '지금 저기/ 충만한 물의 나라/ 적막이 군락으로 피었다// 세월을 기다리는/ 주인 없는 나룻배 위에/ 애태우는 가슴이 피었다'라고 남북한의 쓸쓸한 현실을 노래한다.

남북한의 물이 함께 모여 충만한 '물의 나라'에 눈부신 통일의 팡파르 대신 '적막이 군락으로 피었다'는 표현은 대단히 역설적이고 쓸쓸하다. 2연에서 다시 '세월을 기다리는/ 주인 없는 나룻배 위에/ 애태우는 가슴이 피었다'라고 통일의 날을 기다리는 퍼스나의 안타까운 심정을 토로한다.

마지막 연에서 '물을 낚는 불꽃이 되어/ 깃드는 가슴 가슴들을 흐르다/ 흔적없이 떠날 꽃잎이 운다.'라고 하염없이 피고 지는 '두물머리 연꽃'의 역사적 슬픔을 노래한다.

다음 시를 살펴보자.

물 위의 기찬 춤꾼

발끝이 두드리는 춤사위
동그란 파장을 미려하게 빚어내는

울렁울렁 동그라미 물결로
너울너울 우아한 춤을 어지럽게

신들린 듯 격렬한 춤의 파장
징소리로 가물가물 번지는 세상

연못 위가 온통 무도장이다

날렵한 발레리나,
사교춤이 한창이다.

—「소금쟁이」 전문

'소금쟁이'를 의인화시킨 작품이다. 1연에서 '물 위의 기찬 춤꾼'으로, 2연~3연 '발끝이 두드리는 춤사위, 동그란 파장을 미려하게 빚어내는// 울렁울렁 동그라미 물결로/ 너울너울 우아한 춤을 어지럽게'에서 '동그란 파장', '울렁울렁 동그라미 물결', '너울너울 우아한 춤'으로 춤의 파장을 역동적으로 표현한다.

4연에서는 춤의 역동성을 한층 더 강화, '신들린 듯 격렬한 춤의 파장/ 징소리로 가물가물 번지는 세상'으로 시각적 이미지를 청각적 이미지로 변형, 이미지를 다양화시키기도 한다. 5연~6연에서 '연못 위가 온통 무도장이다/ 날렵한 발레리나,/ 사교춤이 한창이다.'라고 '소금쟁이'를 하나의 예술가로, 더 나아가서 독무가 아니라 2인무로 시적 상상력을 극대화시킨다.

'연못'을 무도회장으로 설정, 춤의 축제장으로 아름답게 변형, 승화시켰다. 현실의 이상화, 이것이 이 시의 놀라운 변용이자 세속적 의미로부터의 극적 탈피이다.

다음 시를 살펴보자.

한 점 하얀 구름으로 흘러간

내 안에 드리웠던 그림자

바람처럼 스치며 보낸 세월 속에서
열매로 맺혔던 그 흑점을

단풍같이 곱게 물들일 수 있을까

알 수 없이 쌓이는 가슴의 무게
밀려오는 황혼녘에 흔들리며

한없이 지평선만 당기고 있다.

—「이 가을에」 전문

'한 점 하얀 구름으로 흘러간/ 내 안에 드리웠던 그림자', 여기서의 '그림자'는 추억 속의 '그림자'이다. 그것은 고통스럽거나 슬펐거나 쓸쓸했던 생애의 흔적이다. 이미 그 어두운 기억들은 '한 점 하얀 구름으로 흘러가' 버렸다.

그 '그림자'는 그냥 무의미하게 흘러간 것이 아니라 '바람처럼 스치며 보낸 세월 속에서/ 열매로 맺혔던 그 흑점'이다. 뜻있는 결과를 가져다준 고통이므로 퍼스나는 그 추억을 '단풍같이 곱게 물들'이고 싶어한다. 아픈 과거에 대한 일종의 본능적 미화의식이다.

하지만 '알 수 없이 쌓이는 가슴의 무게/ 밀려오는 황혼녘에 흔들리며// 한없이 지평선만 당기고 있다.' 과거는 이미 사라진 것,

생애와 영혼은 다시 미래의 시간 속으로 투사된다. '알 수 없이 쌓이는 가슴의 무게, 이것이 한평생 누구에게나 변함없이 쌓이는 삶의 무거운 체적이 아닐 수 없다.

다음 시를 살펴보자.

어두운 한 세기를 넘어온 나무
지엄한 꿈 흩어질까
숨 몰아쉬는데

질주하는 바람이 황망하게
혼돈으로 무너트린 순간

광야에서 휘둘리고 있는데
하늘이 하얗게 펄럭이며
오리털인 양 감싸내렸다

아슴푸레한 세월을
막아주고 채우는 세상 일이
그리 하얄 수 있냐고 하지만

심은 씨앗 푸르게 활착이 되어
열리고 있는 의로운 열매들
푸른 꿈 펼치라 풍성하다.

—「꿈꾸는 나무」 전문

여기서의 '나무'는 '어두운 한 세기를 넘어온 나무'이다. 오랜 세월 동안 시대의 광채와 그늘을 모두 다 거느려온 나무이다. 그렇기 때문에 그 광채와 그늘 속에서 '지엄한 꿈 흩어질까/ 숨 몰아' 쉰다.

그 나무가 '광야에서 휘둘리고 있는데/ 하늘이 하얗게 펄럭이며/ 오리털인 양 감싸내렸다.' 광야에서 고독하게 바람 속에 시달리고 있는 '나무' 위로 '하늘'에서 감싸주듯 눈이 내린다.

'아슴푸레한 세월을/ 막아주고 채우는 세상 일이/ 그리 하얄 수 있냐고 하지만// 심은 씨앗 푸르게 활착이 되어/ 열리고 있는 의로운 열매들/ 푸른 꿈 펼치라 풍성하다.'

어지러운 세상, 하얗게 감싸준다는 것이 지난한 일이긴 하나 하늘은 '의로운 열매들/ 푸른 꿈 펼치/ 게' 하기 위해 순수하고 포근하게 나무를 감싸준다. 신과 대자연(혹은 인간)의 아름다운 조화의 팡파르가 아닐 수 없다.

다음 시를 살펴보자.

> 천만 년 가슴 속에 묻어둔
> 한 점 잉걸불 피어내려고
> 석양을 노을빛으로 물들다
> 밤하늘의 별빛은 내려
> 끝 모를 애수의 물결로
> 천만 리를 넘쳐 흘러오는가,
>
> 언제나 한 번 크게 반겨

뜨거운 가슴속 환하게 꽃피워내
하늘 높이 혼불로 솟아오르는
감동의 눈물 흘려보려나

알 수 없는 한 점 파란 바람아
휘감아 돌며 흔들지 마라
외로운 바위 끝 홀로인 그대
까무러칠까 너무 두려워

가없이 타는 가슴에
퍼 나르는 정열의 눈물
어느 세월에 힘껏 솟아 꽃이 될까.

—「분재·2」 전문

'분재'의 꿈과 실현이 불확실한 꿈에 대한 열망과 기원을 노래한다. 인간의 욕망과 열정, 그에 대한 강렬한 육성의 시적 표출이다.

'천만 년 가슴 속에 묻어둔/ 한 점 잉걸불 피어내려고/ 석양을 노을빛으로 물들다/ 밤하늘의 별빛은 내려/ 끝 모를 애수의 물결로/ 천만 리를 넘쳐 흘러오는가.'

오랜 세월 '가슴 속에 묻어둔/ 한 점 잉걸불'이 이 시의 중요한 모티브이다. 그 '잉걸불'은 아직 피어내지 못한 꿈의 불이므로 '밤하늘의 별빛은 내려/ 끝 모를 애수의 물결'로 넘쳐흐른다. 그러니까 그 '잉걸불'은 현실적으로 지극히 이루기 힘든 피안의 그

어떤 것과도 같은 것이다. 그것은 어쩌면 특별한 종교적 법열일 수도 있다.

'언제나 한 번 크게 반겨/ 뜨거운 가슴속 환하게 꽃피워내/ 하늘 높이 혼불로 솟아오르는/ 감동의 눈물 흘려보려나'

퍼스나는 그 '잉걸불'이 '뜨거운 가슴 속 환하게 꽃피워내/ 하늘 높이 혼불로 솟아오르는/ 감동의 눈물 흘려보'내기를 소망한다. 그러나 '알 수 없는 한 점 바람아/ 휘감아 돌며 흔들지 마라'라고 '한 줄기 바람'의 위해를 저어한다.

마지막 연에서 퍼스나는 '가없이 타는 가슴에/ 펴 나르는 정열의 눈물/ 어느 세월에 힘껏 솟아 꽃이 될까.' 라고 '가없이 타는 가슴에 펴 나르는 정열의 눈물'이 '어느 세월에 … 꽃이 될까'라는 기원과 두려움을 동시에 표출한다. 즉 개화에 대한 욕망과 꿈의 강도가 그만큼 높고 뜨겁다.

다음 시를 살펴보자.

뻐꾸기 피맺히게 울어대는 유월이면
미어지는 가슴 흘러내리는 눈물

한강물로 굽이굽이 소용돌이치다
임진강물 만나면 더 뒤집히는데

미친 듯 돌아가는 조장된 분열마다
회심의 미소로 군침 삼키는
붉은 무리들 웃을 수도 없고

풀꽃처럼 슬픔에 저문다.

해와 달이 따뜻이 보호하는 이 언덕
꺼지지 않는 등불이
펼쳐갈 길 밝혀 지켜주는

충혼 그대들이여
현충탑 향로 향불로 피어오르는가.

—「현충탑 향불」 전문

'뻐꾸기 피맺히게 울어대는 유월'은 지난 1950년 6월 25일, 북한군의 불법남침으로 발발한 동족상잔의 비극 6·25사변을 지칭하는 것이다. 그 6월이 되면 '미어지는 가슴 흘러내리는 눈물'을 주체할 수가 없다.

'미친 듯 돌아가는 조장된 분열마다/ 회심의 미소로 군침 삼키는/ 붉은 무리들 웃을 수도 없고/ 풀꽃처럼 슬픔에 저문다.' '조장된 분열', '회심의 미소로 군침 삼키는/ 붉은 무리들' 앞에서 퍼스나는 '풀꽃처럼 슬픔에 저문다'.

6·25사변의 상흔 속에서 일부 세력들에 의해 '조장된 남남분열과 회심의 미소로 군침 삼키는 붉은 무리들'은 우리 민족 슬픔의 뿌리이다. 퍼스나는 외친다. '충혼 그대들이여/ 현충탑 향로 향불로 피어오르는가.' 라고.

조국의 미래를 걱정하는 퍼스나에게는 6·25사변 때 나라를 위해 목숨을 바친 '충혼'들이 현충탑 향로 위에서 향불로 피어오르는 것을 실제로 바라보는 듯하다. 구국충정의 애국심을 노래한 작품이다.

다음 시를 살펴보자.

조국의 부름에 분연히 일어섰던 갑종이여
붉은 무리에 맨주먹으로 맞섰던 용장들이여
자유와 평화를 위해 몸 바친 건아들이여
그대들은 거룩하라 영원하라

풍전등화인 조국 앞에서 공격 앞으로
나를 따르라 외쳤던 소모품 소대장들
전우의 시체를 넘고 넘어 쓰러지면서
누란의 위기를 지켜낸 주인공들이여

그날의 참상 가슴에 부둥켜안고
반격에 반격 압록강까지 북진
혹한과 인해전술에 여한을 묻고
피눈물로 돌아서 38선을 지켜내며
자유의 십자군으로 통렬하게 싸웠던
청룡 맹호 백마 십자성의 주역들
그대들은 장하도다 갑종장교들이여

그대들 가는 곳엔 피와 땀과 승리뿐
그대들 가는 곳엔 자유의 종이 울렸고

그대들 가는 곳엔 태극기 휘날려 따뜻했노라

가난의 굴레를 앞장서 벗어내려
자주국방의 초석을 튼튼히 닦아
붉은 마수들 분쇄할 힘을 더 키우려
이 한 목숨 다 바쳐 조국을 위해
이 한 몸 분토되어 호국의 수호신되려는
그 선봉에 갑종은 항상 서 있었다
그날을 위해 신화를 창조해 왔다

낙동강에서 압록강까지 추격한 주인공들
아열대의 정글 조국을 위해 누빌 때에도
두 주먹 불끈 쥐고 두 눈에 불을 켜고
정의를 위해 싸웠노라 이겼노라 외쳤노라
청춘을 불살라 자유 수호에 앞장섰노라고
포효하던 그대들 장했도다

몸과 마음 다 바쳐 푸른 꿈 펼쳐가며
파란과 격동의 한 시대를 선도하면서
포연을 뚫고 날으는 의지의 날개로
한국전선 이국전선을 넘나들어
국가안위 조국번영의 그날을 그렸느니

영원히 기록하어야 할 갑종의 위상

전사에 길이길이 남겨야 할 그 얼
그 이름도 영원하라
호국의 역군 갑종이여 전우들이여.

—「전우여 갑종이여」 전문

갑종 장교의 나라 사랑에 대한 뜨거운 투혼을 노래한 이 시는 군인과 전쟁을 노래한 작품답게 웅혼한 장중미를 지니고 있다. 죽음을 초월한 사나이들의 늠름한 기개와 용기, 애국심을 표현한 이 작품은 근래에 보기 드문 힘찬 전쟁시이다.

필자는 늘 한국 전쟁시가 양적으로나 질적으로나 넉넉하지 못한 것을 늘 안타까워했다. 이 시인에게서 그 가능성을 본다.

황의형 시인의 시는 진솔하고 따뜻하고 때로는 힘차다. 여성적인가하면 남성적이다. 그의 이러한 장점들이 앞으로 잘 갈고 닦여서 더욱 멋지고 아름답게 빛나게 되기를 빈다.

칠읍산자락
별내마을 우거에서

황의형 시집_ 길은 멀어도

초판 인쇄 | 2019년 5월 15일
초판 발행 | 2019년 5월 20일

지 은 이 | 황의형
발 행 인 | 이광복
편집국장 | 김밝은

펴낸곳 | 사단법인 한국문인협회 月刊文學 출판부
주소 | 서울시 양천구 목동서로 225 대한민국예술인센터 1017호
전화 | 02-744-8046~7
팩스 | 02-743-5174
이메일 | klwa95@hanmail.net
등록 | 2011년 3월 11일 제2011-000081호
ISBN 978-89-6138-408-7 03810

값 10,000원